Alexander Sauer

Die „Robin Hood Formel"

novum pro

www.novumverlag.com

Bibliografische Information
der Deutschen Nationalbibliothek:

Die Deutsche Nationalbibliothek
verzeichnet diese Publikation in
der Deutschen Nationalbibliografie.
Detaillierte bibliografische Daten
sind im Internet über
http://www.d-nb.de abrufbar.

Alle Rechte der Verbreitung,
auch durch Film, Funk und Fernsehen,
fotomechanische Wiedergabe,
Tonträger, elektronische Datenträger
und auszugsweisen Nachdruck,
sind vorbehalten.

© 2022 novum Verlag

ISBN 978-3-99107-969-9
Lektorat: Mag. Angelika Mählich
Umschlagfoto:
Anton Brand | Dreamstime.com
Umschlaggestaltung, Layout & Satz:
novum Verlag
Innenabbildungen und Autorenfoto:
Alexander Sauer

Die vom Autor zur Verfügung gestellten Abbildungen wurden in der bestmöglichen Qualität gedruckt.

Gedruckt in der Europäischen Union
auf umweltfreundlichem, chlor- und
säurefrei gebleichtem Papier.

www.novumverlag.com

Inhalt

Einleitung 7
1. Bedingungsloses oder
   Bedingtes Grundeinkommen 9
2. Die heutigen Gründe der Armut oder die Gefahr,
   arm zu werden 12
3. Zukünftige mögliche Gründe für Armut 15
4. Die Arbeitsplätze werden immer wertvoller 18
5. Die besondere Rolle des Finanzamtes 20
6. Die Formel 22
7. Die Auswirkungen auf den Staatshaushalt 26
8. Das Kindergeld und Freibeträge für Kinder 29
9. Die Arbeitslosenversicherung 31
10. Aussichten 32
Tabellenanhang 34
Register 42

Einleitung

Jedem muss klar sein, dass, wenn er vom Staat mehr Geld haben will, im Prinzip nach seinen Nachbarn rechts und links von ihm ruft. Der Staat selbst verdient kein Geld, er bekommt es von den Bürgern des Staates, in dem er lebt. Sie geben ihm das Geld, damit dieser es treuhänderisch verwendet für alle allgemein zugänglichen Dinge und Dienstleitungen, wie Schulen, Straßen, Brücken, Polizei, Armee und andere Aufgaben. Dort eine Balance zu finden, zwischen Notwendigkeit und Verfügbarkeit, ist sehr schwer. Jede Partei setzt andere Schwerpunkte.

Aber keine demokratisch gewählte Regierung kann auf Dauer überstehen, wenn sie die Armut im eignen Land ignoriert, während gleichzeitig die Reichen immer reicher und häufiger werden. Deshalb hat wohl Gerhard Schröder[6] die etwas missglückte Agenda 2010 ausgerufen. Im Ansatz gut, aber in der weiteren Durchführung leider mangelhaft. Es wurde viel zu wenig und, wenn überhaupt, viel zu spät auf handwerkliche Gesetzeslücken und Fehler gegengesteuert. Die Schere zwischen Arm und Reich hat sich sogar danach noch stärker geöffnet als zuvor.

Heute scheint es so, als ob wir die Armut mit enormer Energie bis ins kleinste Detail verwalten, statt sie zu bekämpfen, koste es, was es wolle.

Speziell in Deutschland ist durch die Steuerprogression die gesamte Mittelschicht beim Nettoeinkommen immer weiter nach unten in Richtung Armut oder zumindest an den Rand der Armutsgrenze gerutscht. Die Renten sind inzwischen bei vielen Menschen derart niedrig, dass sie bereits jetzt in der Falle sitzen. Die Globalisierung ist nach Auflösung des Kommunismus bedingt durch den Übermut der kapitalversessenen Hedgefonds-Manager zu einem weiteren Treibsatz für niedrige Löhne im Inland geworden. Die Agenda Schröders mit Zeitverträgen und Leiharbeit tut das Übrige dazu.

1. Bedingungsloses oder Bedingtes Grundeinkommen

Unvergessen ist der Vorschlag eines „Bedingungslosen Grundeinkommens". des DM-Gründers Götz Werner[1]. Der Vorschlag ist genauso komplex wie bezaubernd. Er umfasst eine Vielzahl von steuerlichen Aspekten. Zum Beispiel entfiele jegliche Besteuerung der Arbeit, ausgeglichen durch eine erhebliche Erhöhung der Mehrwertsteuer.

Die Idee ist im Grundsatz nicht völlig neu. Schon zu Zeiten Johnsons[2] in den USA wurden Versuche unternommen. Auch Präsident Nixon[3] war voll des Lobes. Aber Reagan[4] räumte das Thema einfach wieder ab. Auch in Kanada gab es schon hoffnungsvolle Versuche. In jüngster Zeit macht sich eine Bewegung in der Schweiz wieder daran, das Thema neu zu beleben.

Einige Politiker in Deutschland haben dieses Modell zumindest ideell weiterverfolgt, aber es ist zu umfassend und von einem Staat alleine kaum zu bewältigen. Zuletzt hat das weniger bevölkerungsreiche Finnland einen Modellversuch gestartet, allerdings nur für 2000 Langzeitarbeitslose. Die Maßnahme war im Ansatz schon sehr eingeschränkt und im Ergebnis leider nicht erfreulich

Bevor wir den großen, kaum zu überschauenden Schritt in Richtung eines **„Bedingungslosen Grundeinkommens"** machen, wäre es doch vielleicht sinnvoller, zunächst erst einmal ein **„Bedingtes Grundeinkommen"** anzugehen

Dies scheint leichter machbar. Ein „Bedingtes Grundeinkommen" sollte als soziales Netzwerk für diejenigen eingeführt werden, deren Einkommen unter einer bestimmten

Mindestgrenze liegt. Sagen wir, als Beispiel, für einen Single bei circa € 15.000 (brutto) im Jahr. Das sind diejenigen, die entweder mittendrin oder kurz davor sind, in restloser Armut zu verkommen. Solche Menschen haben in unserer Gesellschaft so gut wie keine Lobby. Während hingegen jene Menschen, die in den ganz hohen Einkommensbereichen leben, offensichtlich eine enorme Lobby zu haben scheinen.

Voraussetzung für die Teilnahme an diesem Programm wäre natürlich, dass man deutscher Staatsangehöriger sein muss oder als Ausländer bereits mindestens drei Jahre in Deutschland gelebt und davon mindestens zwei Jahre lang sozialversicherungspflichtig gearbeitet haben muss.

Wenn also ein Single ein Bruttoeinkommen von etwa € 15.000 im Jahr erhalten sollte, erhöht sich dieser Betrag für Ehepaare oder Bedarfsgemeinschaften entsprechend auf € 27.000. Diese Grenze müsste, genauso wie der Mindestlohn, jährlich von einem unabhängigen Gremium, möglichst von dem gleichen Gremium, das auch für den Mindestlohn zuständig ist, neu festgesetzt werden. Dabei sollte zumindest für arbeitende Menschen der Abstand zwischen dem Gehalt und der Höhe des Bedingten Grundeinkommens deutlicher sein als heute. Dies bedeutet, dass derjenige, der arbeitet, deutlich mehr verdienen sollte (netto) als der Bezieher von „Bedingtem Grundeinkommen".

Das „Bedingungslose Grundeinkommen" erfordert eine Gesellschaft, die einen ausgeglichenen Wohlstand hat, und es sich erlauben kann, eine größere Anzahl von Menschen ohne eigenes Einkommen auf längere Zeit zu finanzieren. Deshalb wäre es derzeit nur möglich, ein **„Bedingtes Grundeinkommen"** einzuführen. Die Bedingung ist, wie auch bei den bisherigen Hartz-IV-Regeln – man muss arbeitswillig sein, wenn man arbeitsfähig ist. **Das Prinzip des Förderns und Forderns bleibt also erhalten.**

Die Bedingung ist also, dass man, so man noch kann, arbeiten will, also der Vermittlung in einen Job nicht entgegenarbeitet, oder gar einen Job, den man noch hat, aufgrund der neuen Regelung erst kündigt. Das ist der wesentliche Unterschied zwischen **dem „Bedingungslosen" und dem „Bedingten Grundeinkommen"**.

Die bisherige Regelung der ungezügelten Fortbildungsmaßnahmen weiterhin durchzuführen, scheint wenig zielführend. Zum einen sollten die Menschen in solchen Schulungen weiterhin in der Arbeitslosenstatistik geführt werden, zum anderen sollte man die Maßnahmen nur mit Aussicht auf Erfolg durchführen. Sie kosten schließlich viel Geld – unser aller Geld. Wenn ein Mensch keinerlei Interesse oder auch Begabung für ein bestimmtes Berufsziel hat, macht auch noch so viel Aufwand keinen Sinn, ihn dahingehend bewegen zu wollen. Allerdings sind solche Menschen (beispielsweise jene, die auf gar nichts Lust haben) sofort in gemeinnützigen Aufgaben einzusetzen. Dies ist Teil der Bedingungen. **Das Modell darf auf keinen Fall zu einer Faulheitsprämie verkommen.**

2. Die heutigen Gründe der Armut oder die Gefahr, arm zu werden

- Einer der Gründe, in Armut zu geraten, ist die Tatsache, dass es Menschen gibt, die ihren Intellekt nicht genügend ausschöpfen konnten; inwieweit dies an der Erziehung, an der eigenen Einstellung oder gar an der Vererbung (Gene) liegt, soll hier nicht weiter diskutiert werden.
- Ein weiterer Grund liegt vermutlich auch darin, dass Menschen zwar arbeiten, zeitweise bis zur Erschöpfung, trotzdem aber die finanziellen Möglichkeiten aufgrund ihres Berufsstandes nicht oder nur selten ausschöpfen konnten. Als Beispiel sollten hier u. a. Pflegedienste, Krankenschwestern, Bus- und Bahnfahrer, aber auch diverse Serviceleistende in Erinnerung gerufen werden.
- Ein eher unbeliebtes Wort der deutschen Sprache lautet „faul". Auch Faulheit könnte im Ergebnis zu Armut führen; denn wer aufgrund von notorischer Faulheit keine Einnahmen generieren kann oder will, läuft Gefahr – in diesem Fall eigenverschuldet – irgendwann zu den Armen zu gehören.
- Ebenfalls ein Aspekt einer bevorstehenden Armut wäre die Tatsache, dass die elterlichen oder andere Erziehungsmethoden dem Nachwuchs nicht genügend Möglichkeiten aufgezeigt haben, sein Leben zu gestalten und somit von drohender Armut fernzuhalten.
- Denkt man an die heutige Berufswelt, dann liegen auch dort mehr oder weniger unverschuldete Gefahren, in Armut zu gelangen. Erinnern wir uns nur an all die Berufe, die es heute nicht mehr ermöglichen, das nötige Einkom-

men zu erzielen; gemeint sind z. B. Schmied, Müller, Hotline-Mitarbeiter, Lithografen und viele mehr. Meist ist bei derartigen Berufen eine Umschulung fast ausgeschlossen. Dies liegt u. a. an der technologischen Entwicklung, mehr aber noch am fortgeschrittenen Alter jener Berufstätigen.

- Armut ist grundsätzlich keine „von Gott gegebene" Situation, sie ist ab und an auch selbstverschuldet bzw. selbstgemacht. Es gibt Menschen, die einer lukrativen und erfolgreichen Beschäftigung nachgehen, dann jedoch unterschätzen, wie viel von ihren Ausgaben aufgrund von unvernünftigem Verhalten – Weltreisen, Luxuskarossen, „goldene Wasserhähne" usw. – ihre erwirtschafteten Einnahmen übersteigen. Es soll sogar diejenigen geben, die aufgrund ihrer eigenen Unfähigkeit und Unberechenbarkeit in Sachen Eigenkapital „auf der Straße" landen und somit bis ins hohe Alter in Armut verharren.
- Ein sicher unerfreulicher Grund, an die Armutsgrenze zu schrammen, kann natürlich auch darin begründet sein, dass man von einer schweren Krankheit getroffen wurde und der Möglichkeit beraubt ist, eigenständig für sich und sein Leben – in finanzieller Hinsicht – einzustehen.
- Die zuletzt hier genannte Möglichkeit, nicht oder nicht mehr zu den Besserverdienern zu gehören, ist die meist unverschuldete Tatsache, dass man trotz Mühen aufgrund von Entlassung oder Firmenpleiten keinen Arbeitsplatz mehr findet; gemeint ist u. a. auch die eigene Äußerlichkeit; hier gilt es nach dem Verlust des „guten Eindrucks" zu fragen.

Abschließend stellt sich die Frage, sollte man Menschen, die in eines der o. g. Raster gefallen sind, wirklich in die bittere Armut oder gar in die Obdachlosigkeit entlassen? Hätten wir nicht eine Möglichkeit, auch Fehlschläge zu tolerieren und diesen Menschen die Hand zu reichen, um wenigstens die Hoffnung auf eine zweite Chance zu etablieren?

Solange wir selbst nicht in „deren Haut" stecken und solange wir nicht von all diesen Missgeschicken betroffen sind, sollten wir solche Schicksalsthemen nicht verwerfen – und – wir sollten auch bitte nicht auf all diese Menschen herabsehen.

3. Zukünftige mögliche Gründe für Armut

- Wachstum ist das Evangelium des kapitalistischen Handelns. Doch Wachstum – auch wirtschaftliches Wachstum – kann nicht immer andauern. Zwar wächst derzeit die Anzahl der Menschen immer stärker, was auf Dauer zur Katastrophe führt, denn die Erde wächst nicht mit, nicht einmal ein paar Zentimeter, und damit auch die Grundlage all unserer Existenz. Es beginnt mit dem zunehmenden Mangel an Trinkwasser. Aus diesem Grunde werden wohl zukünftige Kriege geführt werden. Danach fehlen Anbauflächen, wichtige Nährstoffe wie Phosphate und weitere Mineralien, die die Menschen dringend benötigen. Die Umweltvergiftung ist der nächste Schlag, den die Menschheit trifft. Viele ignorieren dies, weil sie ihn am eigenen Körper noch nicht spüren. Wenn es aber dann alle spüren, wird es zu spät sein, um darauf noch angemessen reagieren zu können. Dies alles bedeutet, dass wir uns von einem rein mengenmäßigen Wachstum verabschieden müssen. Das neue Ziel muss es sein, einen eingeschwungenen Zustand zu erreichen. Die Salden von Einkommen und Ausgaben (langfristig auf aller Welt) müssen im Bereich von null oder ein Prozent plus und dann mal wieder um ein Prozent im Minus liegen. Der Weg dahin wird steinig werden. Allein durch Technik 4.0 werden viele Arbeitsplätze verloren gehen. Der Glaube daran, dass Roboter die Welt beherrschen, geht derzeit um. Das ist natürlich Blödsinn. Die Einführung der elektronischen Datenverarbeitung hat zwar unser Leben stark verändert, viele Arbeitsplätze gekostet, aber eben auch viele neue anspruchsvollere Arbeitsplätze geschaffen. Nur diese sind höher qualifiziert. Im Saldo jedoch sind viele auch langfristig verloren gegangen. Denkt man diese Entwicklung mit Technik 4.0 zu Ende, werden noch mehr Arbeitsplätze verloren gehen, aber es würde immer weniger Menschen geben, die sich die Produkte mangels Einkommen auch kaufen können. Wozu um alles in der Welt soll das denn dann gut sein? Trotzdem wird zunächst erst einmal alles in diese Richtung laufen. Die Roboter werden kommen, sie werden dann nicht gekauft, und der Trend wird wieder verschwinden. In dieser Zeit aber wird neue Armut entstehen, sodass immer mehr Arbeitsplätze verloren gehen, das ist ein Grund für neue Armut.

- Ein weiterer Grund wird der Kampf von Demokratie gegen Autokratie sein. Der Kampf – deutlich gemacht am Streit zwischen den USA und China – beginnt erst richtig zu brodeln. Der Welthandel und die damit verbundene internationale Arbeitsteilung werden immer mehr gestört und wahrscheinlich auch irgendwann zum Erliegen kommen. Dies muss nicht, kann aber zum Wegfall von Arbeitsplätzen führen.
- Unabhängig von diesem Hauptproblem (neben dem Klimaschutz, der dabei leicht auf der Stecke bleiben könnte) führen einzelne Staatsoberhäupter völlig unnötige Nebenkriegsschauplätze. Auf Namen und Schauplätze wird in diesem Zusammenhang verzichtet, da es hier ja um Armutsbekämpfung geht. Aber wichtig ist, dass auch die Folgen dieser Streitereien, über den Umweg von Flüchtlingen und Armut in den betroffenen Gebieten, zu Arbeitsplatzverlusten in unserer Umgebung führen können.
- Die Umsetzung der Klimaziele wird aller Voraussicht nach auch auf dem Arbeitsmarkt Folgen haben. Langfristig wer-

den Flugreisen und Hochseeferienreisen wohl nicht mehr so häufig nachgefragt werden Es werden sich also Firmen verkleinern oder sogar verschwinden, ohne dass dafür neue entstehen werden. Was wird dann mit den Arbeitsplätzen?
- Die Jugend hat heute ein anderes Verhältnis zum Automobil als frühere Generationen. Elektromobilität scheint nicht wirklich, sofern nur auf Batterie bezogen, zukunftsfähig. Wasserstoff ist dort langfristig wahrscheinlich vernünftiger. Es wird zwar mehr Sonnenenergie benötigt, aber es werden die seltenen Rohstoffe geschont, welche für die Batterien benötigt werden. Auch hier werden Arbeitsplätze verloren gehen. Zum einen wird es weniger Autos geben und zum anderen benötigt ein Elektroauto oder Wasserstoffauto weniger menschliche Arbeitskraft.
- Von einem dauerhaften Lockdown der Wirtschaft infolge von Pandemien soll hier noch gar nicht die Rede sein. Hierbei würde eine ganz neue Beschäftigungskrise entstehen.
- Die Auswirkungen der Globalisierung auf die Arbeitsplätze macht den westlichen Industrieländern sehr zu schaffen. Wir alle wollen immer bessere und gleichzeitig billigere Produkte besitzen. Dies führt die Hersteller in ihrer Not dazu, lohnintensive Produkte oder Produktschritte in billigen Schwellenländern herstellen zu lassen. Dies führt dazu, dass unser Geiz unsere eigenen Arbeitsplätze vernichtet. Daraus folgt, zu Ende gedacht, dass diese Produkte dann zwar viel preiswerter sind, aber es wird immer weniger Menschen geben, die sich diese Produkte noch kaufen können. Unsere Arbeitsplätze stehen also zunehmend immer stärker im direkten Wettbewerb zu denen in Schwellen- und Drittländern.

4. Die Arbeitsplätze werden immer wertvoller

Die Gesellschaft könnte sich immer mehr in Menschen mit und ohne Arbeitsplatz entwickeln. Natürlich gibt es weiterhin, wie heute auch schon, die Grauzone dazwischen, mit Menschen, die in Teilzeitarbeit sind, bis hin zum Minijob. Die „Robin-Hood-Formel" bewirkt, dass die Einkommensteuer der arbeitenden Menschen verwendet wird, um jene ohne oder mit zu geringem Arbeitseinkommen zu finanzieren. Zukünftig wird es ein Privileg sein, einen Arbeitsplatz zu haben. Die Einkommensteuer zahlt ja eigentlich der Arbeitgeber. Er führt sie auch direkt an das Finanzamt ab. Gäbe es keine Einkommenssteuer (wie von Götz Werner angedacht), könnte der Arbeitgeber niedrigere Löhne zahlen, ohne dass der Arbeitnehmer dadurch einen Nachteil hätte. Deshalb muss diese Einkommensteuer für höhere Einkommen kräftig erhöht werden. Dies bedeutet aber im Umkehrschluss, dass Arbeit für den Arbeitgeber immer teurer wird, je mehr Menschen ohne Arbeit sind. Denn aus der Einkommensteuer werden ja die Arbeitslosen und zu gering Verdienenden bezahlt werden müssen.

Denkbar wäre in Zukunft auch eine Arbeitsplatzteilung in völlig neuer Form. Manche Vielverdiener leiden unter der Belastung der Arbeitsmenge. Er kann darüber nachdenken, ob er einen weiteren Mitarbeiter sucht, der ihn bei der Arbeit zeitweise ersetzt. Das kann besonders bei Homeoffice-Arbeitsplätzen sinnvoll werden. Damit verdient er zwar weniger und ein anderer dafür mehr, aber beide haben mehr Zeit zum Leben. Hierfür ist natürlich noch sehr viel mehr im Detail zu entscheiden (Rechte und Pflichten des neuen Arbeitnehmers, Kündigungsschutz, evtl. Pensionsansprüche und vieles andere mehr). Deshalb wird hier darauf verzichtet, dieses Modell genauer auszuarbeiten.

Aber hier liegt ein weites Feld, um zukünftig zu verhindern, dass sich die Gesellschaft in Menschen mit Arbeit und Menschen ohne Arbeit spaltet, und das vielleicht in einer Größenordnung von bis zu fünfzig Prozent.

Arbeitgeber sollten sich überlegen, ob es nicht besser wäre, statt weniger hochbezahlte Mitarbeiter mehr normal bezahlte Mitarbeiter zu beschäftigen. Jahrelang war genau das Gegenteil der Fall – meist wegen der hohen Lohnnebenkosten. Schließlich sind mehr Arbeitnehmer auch über Umwege mehr Kunden.

5. Die besondere Rolle des Finanzamtes

Das Finanzamt ist wohl die meist gefürchtete Institution in unserm Lande, aber wahrscheinlich auch in allen anderen Ländern der Erde. Man könnte ihm eine gute Note hinzufügen. Dazu wäre es sinnvoll, den Spieß umzudrehen. Viele rechnen am Ende eines Jahres entweder mit einer zu zahlenden Nachforderung, manche rechnen auch mit einer Erstattung. Erstattet werden kann natürlich **bisher** nur etwas, was zuvor auch bezahlt wurde. Dies könnte man ganz einfach ändern:

Wenn man die arbeitenden und die arbeitslosen oder aus anderen Gründen einkommensarmen Menschen in solidarischem Sinne steuerlich gemeinsam behandeln würden, sähe das schon ganz anders aus. Alle Menschen, die arbeiten, zahlen ab einem Einkommen von derzeit € 9.168 im Jahre Steuern. (Stand 2019). Warum sollte man den Spieß nicht einfach umdrehen und diejenigen, die weniger Einkommen zur Verfügung haben, aus dem Einkommensteuertopf heraus bezahlen. Man könnte dies als eine **Negativsteuer** bezeichnen.

Dieser Begriff tauchte schon in den 70er-Jahren des vergangenen Jahrhunderts in den USA auf. Es wäre also nichts völlig Neues.

Voraussetzung dafür ist, dass jeder, aber wirklich jeder, eine Steuererklärung abgeben kann. Dies ist ein vergleichbar kleines Problem für einen steuerkundigen Menschen. Jenen, die dies noch nicht können, könnte bei den Sozialstationen (Jobcentern) geholfen werden. Jeder hat schon seit Jahren eine „persönliche Identifikationsnummer". Das eigene Einkommen kennt wohl auch jeder und kann dies auch belegen.

Damit sind alle Grundvoraussetzungen schon gegeben. Darüber hinaus wäre ein eigenes Bankkonto nötig. Die meisten Menschen haben dieses bereits. Falls nicht, kann dieses sicher eingerichtet werden. Der Rest ist eine Übung per Fingertipp, wobei auch dabei geholfen werden könnte. Dies ist heute jedoch nicht erlaubt, da das Finanzamt den Stand der Steuerberater sichert. Der Mensch, der weniger als € 15.000 brutto im Jahr verdient, kann sich doch auch nicht noch einen Steuerberater leisten. Hier sollte neu gedacht werden.

6. Die Formel

In der westlichen Welt wird immer wieder die steuerliche Ungleichbehandlung der Menschen diskutiert. Hierbei ist zu beachten, dass unterschiedliche Herkunft und unterschiedliche Biografien der Menschen Einfluss auf Armut und Reichtum haben.

Einige Menschen erzielen – systembedingt und korrekter weise – ein erheblich höheres Einkommen als andere. Dies bedeutet in der Folge, dass die Forderungen der Finanzämter an die Besserverdienenden mit einer anderen Einkommensteuer belastet werden.

Dies beginnt derzeit (alle Angaben ab 2019) zunächst ganz langsam ab einem Betrag größer als € 9.168 im Jahr. Mit jedem Euro mehr geht der Steuersatz prozentual nach oben, bis er bei einem Einkommen von € 265.326 im Jahr auf dem Satz von 42 % endet. Ab hier gilt dann die sogenannte Reichensteuer, die für Einkommen bis über die Millionengrenze hinaus reicht und mit 45 % derzeit gedeckelt ist. Versteuert werden hier auch alle persönlichen Kapitaleinkünfte aus Miet- und Pachteinkünften. Dagegen gerechnet werden natürlich alle Aufwendungen für die Mietobjekte wie Abschreibungen auf Gebäude und Reparaturen und Verwaltung usw.

Derjenige, der weniger als € 9.168 im Jahr verdient (im Jahre 2019), hat in aller Regel keine Vermögenswerte und damit auch keine Absetzungsmöglichkeiten.

Menschen, die nur Kapitaleinkünfte aus Vermietung und Verpachtung oder aus Zinsgewinnen von Aktien und Beteiligungen haben, fallen unter die Rubrik Kapitaleinkünf-

te. Diese werden derzeit nur mit 25 % besteuert. Sahra Wagenknecht$_{(2)}$ nennt dies ein „leistungsloses Einkommen."
Alleine durch die Einkommensteuer (ohne die reinen Kapitaleinkünfte) entsteht beim Staat (Finanzamt) ein jährliches Kapital von rund 303 Milliarden Euro (Stand 2017). Diese Gelder werden auf den Bund mit 42,5 %, auf die Länder mit 42,5 % und auf die Gemeinden mit 15 % verteilt.

Robin Hood würde angesichts dieser Zahlen ins Grübeln geraten. Zwar ist es so, dass in Deutschland nur rund 10 % der Vielverdiener 50 % der gesamten Steuern bezahlen und somit die übrigen 90 % der Menschen die andere Hälfte. Aber niemand kann sagen, ob das so wirklich gerecht ist. Es scheint doch, dass eine Steuererhöhung im Jahr von mehreren Tausend Euro die meisten normalverdienenden Bürger in den Ruin treiben würden, während die wirklichen Gutverdiener nur auf den einen oder anderen Luxus verzichten müssten.

Robin Hood würde hier zum Handeln raten.

In heutiger Zeit bedeutet dies, dass eine Erhöhung der Steuern bei Vielverdienern natürlich nötig wäre, was bei dieser Personengruppe durchaus nicht gut ankommt, jedoch kaum jemanden in dieser Einkommensklasse in echte Not stürzen würde. Was spricht also dagegen, aus dem Topf der Einkommensteuer den weniger verdienenden Bürgern am unteren Ende der Einkommensskala sowie den notleidenden Rentnern zumindest ein vernünftiges Basiseinkommen zu finanzieren. Dies wäre die Solidarität der arbeitenden und gut verdienenden Menschen gegenüber den arbeitswilligen, aber arbeitslosen oder zu gering verdienenden Menschen untereinander. Man könnte das auch soziale Verantwortung nennen.

Das Einkommensteueraufkommen würde gar nicht erst im Staatshaushalt ankommen, um dort diversen Diskussionen für die Verteilung zur Verfügung stehen. Ein großer Teil dieses Steuergeldes würde wieder direkt zurück an das Heer der Arbeitenden mit niedrigem Einkommen und an die nicht arbeitenden und notleidenden Menschen zurückfließen.

Technisch ginge das so, dass jeder, der dazu bereit und befugt ist, eine Einkommensteuererklärung abgibt. Dazu sollte es ein eigenes Formular ähnlich der bisherigen Anlage N geben. Dies könnte eine Anlage N2 sein, die nur für Menschen, die unterhalb des Mindestlohnes verdienen, als auch für Rentner, deren Rente unterhalb der minimalen Versorgungsvorstellung liegt, Verwendung finden. Dabei müssten selbstverständlich, wie bisher auch, alle Angaben wahrheitsgemäß und vollständig gemacht und belegt werden (Tabellen 1a und 2a im Anhang).

Diejenigen, die bereits Einkommen erzielen, müssen natürlich – wie heute auch – das Formular N ausfüllen.

Aus den bereits erwähnten Tabellen 1a und 2a (Inhalt der Anlage N2 der Steuererklärung) geht hervor, wie hoch die Grundlebenshaltungskosten wären (Stand 2020). Dabei können die Kosten für Miete und Nebenkosten je nach Wohnort unterschiedlich sein. Dazu werden die minimalsten normalen Kosten der Lebensführung addiert. Abgezogen würden natürlich die Einkommen aus Anlage N der Steuererklärung sowie, soweit vorhanden, Einkommen aus Renten, Versicherungen und Kapitalerträgen.

Sind keinerlei Einkommen dieser Art vorhanden, würde dem Antragsteller (Single) € 12.640 netto pro Jahr zugestanden, zusammen veranlagten Partnern € 19.950 (siehe dazu die Tabelle 1a und 2a im Anhang).

Dieser Betrag würde in Zeile 48 des Formulars KAP (Kapitalerträge) eingetragen werden. Die Begrenzungsprüfung (max. 25 % der Steuer) würde – bei Vorlage der Anlage N2 – ausgeschaltet. Dies wäre eine kleine, aber trickreiche Änderung im Steuerprogramm. Zusätzlich kämen natürlich neue Programmzweige zur Erfassung und Berücksichtigung der neuen Anlage N2 hinzu.

Damit würde, wenn keine anderen Einkommensarten wie z. B. Kapitaleinkünfte vorhanden sind, der Nettobetrag von € 12.640 bzw. € 19.950 in voller Höhe an einen Haushalt ausgezahlt. Dieser Betrag wäre jedoch bedingt sozialversicherungspflichtig. So entstünden zusätzliche Kosten, die vom Finanzamt an die entsprechenden Leistungsträger zu zahlen sind.

Ausgezahlt würden die Beträge nach Bestätigung des Jobcenters/Sozialamtes und nach erfolgter Prüfung durch das Finanzamt in monatlichen Raten. Die Steuererklärung könnte auch unterjährig erfolgen. Die Angaben bezögen sich jedoch immer auf das letzte abgelaufene Kalenderjahr. Die Auszahlung könnte ab dem ersten Monat des laufenden Jahres (also auch rückwirkend) und damit auch vor der Abgabe der Steuererklärung erfolgen.

Wie unschwer zu erkennen ist, hätten der Finanzminister des Bundes und die Finanzminister der Länder erhebliche Probleme.

Andererseits hätte der *Sheriff von Nottingham* (das Finanzamt) einen Teil seines Schreckens verloren und um eine gute Seite ergänzt. Der neue Grundsatz, **die Armut aus der Einkommensteuer und gegebenenfalls aus der Kapitalertragssteuer zu finanzieren,** erfordert umfangreiche Überlegungen. Mehr dazu im nächsten Kapitel.

7. Die Auswirkungen auf den Staatshaushalt

Alle folgenden Berechnungen basieren auf den Zahlen des Statistischen Bundesamtes (Destatis)[5] aus dem Jahre 2017. Neuere Zahlen sind derzeit noch nicht freigegeben.

Aus der Tabelle 3 des Anhangs geht hervor, dass 9.763.326 Haushalte (24,31% aller Single-Haushalte) weniger als € 15.000 pro Jahr Bruttoeinkommen erhalten.

Die Zahl der gemeinsam veranlagten Steuerfälle unter € 25.000 pro Jahr beträgt 1.622.248 Haushalte (7,12 %). Aus Tabelle 4 (Anhang) ist zu ersehen, welche Kosten dem Staat für diesen Kreis von Menschen (Singles und Paare) zusätzlich entstehen würden. Dabei ist im unteren Teil der Spalte C der Tabelle 4 (Anhang) dargestellt, welches Einkommen bereits heute (2017) erzielt wird.

Am Ende der Berechnung in Anhang 4 ist zu sehen, dass nur die Aufstockung auf die minimale Netto-Versorgungsvorstellung bereits € 103,64 Milliarden betragen würde (Spalte E, Zeile 23).

Nun stellt sich noch die Frage nach den Nebenkosten. Die vom Staat an die Bedürftigen netto auszuzahlenden Beträge für die minimale Versorgungsvorstellung der armen Bürger wären demzufolge als Einkommen anzusehen, für die üblicherweise auch Lohnnebenkosten anfallen. Die genauere Darstellung der einzelnen Nebenkosten ist der Anlage 1b für Singlehaushalte und in Anlage 2b für die gemeinsam veranlagten Haushalte zu entnehmen.

Die Berechnungen dazu, welche Auswirkungen auf den Staat zukommen würden, sind in Tabelle 5 im Anhang dargestellt. Hier musste leider auch mit Schätzungen gearbeitet werden, da nicht im Einzelnen bekannt sein kann, welche Nebenkosten und in welcher Höhe von dem betroffenen Personenkreis bereits gezahlt würden; immerhin belaufen sich diese bereits auf einen Betrag von rund € 41,9 Milliarden. Zusammen mit den bar ausgezahlten Beträgen würden wir dann schon bei € 145,54 Milliarden liegen.

Wie aus Tabelle 5 auch zu ersehen ist, würde der Staat in diesem Modell alle Sozialversicherungskosten, sowohl den Arbeitnehmer- als auch den Arbeitgeberanteil, zahlen. Zusätzlich würden alle Beträge steuerfrei gestellt. Dies bedeutet also, dass zumindest für diesen betroffenen Personenkreis der Eingangssteuersatz (2020 = € 9.408 für Singles, € 18.816 für Paare) auf € 12.500 für Singles und auf € 25.000 für Paare erhöht werden würde. Die Berechnungen dazu sind der Tabelle 5 im Anhang zu entnehmen. Dadurch entfallen alleine bereits € 2,114 Milliarden Einkommensteuer, die in den oben genannten € 41,9 Mrd. enthalten sind. Tabelle 3 im Anhang zeigt das Steueraufkommen aus dem Jahr 2017 im Detail.

Wenn man nun bedenkt, dass in dem der Berechnungen zugrunde liegendem Jahr 2017 die gesamte Einkommensteuer nur rund € 303,48 Milliarden betragen hat, erkennt man schnell, dass dieses Modell nicht nur mit einer Erhöhung der Reichensteuer alleine zu bezahlen sein wird. Es ist also nötig, auch an die Kapitalertragsteuer zu denken.

Zur Reichensteuer ist eine Beispielrechnung in Anlage 6 dargestellt. Man erkennt daraus, welche Erhöhungen in 5-Prozent-Schritten zu welchen Mehreinkommen führen würden. Das Ergebnis ist ziemlich mager. Zu beachten ist dabei, dass für diesen Personenkreis wohl auch weiterhin der alte Soli-Zuschlag noch gültig sein wird.

Zusätzlich ist aber zu bedenken, dass der Staat (Bund, Länder und Gemeinden zusammen) derzeit bereits rund € 150

Milliarden für Sozialkosten ausgibt. Dies sind Beiträge zur Rentenversicherung, Wohngeld, Sozialhilfe und anderes mehr. Diese Zahlen hat die Zeitschrift FOCUS in ihrer 40. Ausgabe von 2020 zumindest angeführt. Es ist zu erwarten, dass bei Einführung dieses Modells diese Kosten erheblich reduziert werden könnten.

Notwendig ist auch der Hinweis, dass sich hier die „Minimalen Versorgungsvorstellungen" auf das Jahr 2020 beziehen, die genannten Einkommens- und Steuerangaben jedoch aus dem Jahre 2017 stammen. Dies bedeutet, dass aller Wahrscheinlichkeit nach die Einkommens-, aber auch die Steuerzahlen im Jahre 2020 um einige Prozentpunkte höher sein werden.

8. Das Kindergeld und Freibeträge für Kinder

In diesem Bereich sollten im Rahmen des „Bedingten Grundeinkommens" keine Änderungen erfolgen. Dies bedeutet, dass die Bezieher des „Bedingten Grundeinkommens", sofern die Vorrausetzungen gegeben sind, das volle Kindergeld zusätzlich ausgezahlt bekommen. Es sollte aber überlegt werden, ob nicht auch zusätzlich das unten erwähnte BEA von € 220 pro Monat gezahlt werden sollte.

Zu hinterfragen ist jedoch, ob die heutige Gesetzespraxis der Steuerfreibeträge vernünftig ist.

Die folgenden Berechnungen beziehen sich auf die Werte des Steuertarifs 2020.

In den Steuererklärungen muss, wenn Freibeträge geltend gemacht werden, das Kindergeld zwar abgezogen werden, aber der Steuervorteil übersteigt den Wert des Kindergeldes ab einem Einkommen von € 35.100 im Jahr, bei Singles bzw. € 66.500 bei Paaren im Jahr. Bei den Freibeträgen wird nicht nur die Höhe des Kindergeldes berücksichtig, sondern auch noch ein sogenannter BEA-Betrag (**B**etreuungs-, **E**rziehungs- und **A**usbildungsbedarf) von € 220 pro Monat; abzuziehen ist jedoch noch das gezahlte Kindergeld.

Je höher das Einkommen wächst, desto höher wird die Ersparnis durch die Steuerreduzierung. Beispielsweise wird eine Steuerersparnis bei einem Einkommen von € 200.000 bereits € 3.515 Steuern pro Jahr bei Singles erzielt. Das Kindergeld in Höhe von € 2.448 wird zusätzlich bezahlt.

Dies führt deutlich zu einer Ungleichbehandlung der Mehrverdiener gegenüber den Menschen, die weniger verdienen oder sogar unter die Regeln des „Bedingten Grundeinkommens" fallen.

9. Die Arbeitslosenversicherung

In diesem Bereich sollte im Rahmen einer Einführung des „Bedingten Grundeinkommens" nichts geändert werden.

Das Arbeitsamt zahlt diese Gelder mit dem Begriff ALG 1 an diejenigen, die in den ersten 18 Monaten arbeitslos sind, und dies in einem relativ hohen Bereich im Vergleich zum Grundeinkommen. Dies sollte so bleiben.

Langfristig könnte man sich überlegen, dass bei erfolgter Umsetzung und Einführung des „Bedingten Grundeinkommens" die ALG-1-Regelungen in dieses neue System eingegliedert werden könnten.

10. Aussichten

Die Bedenken werden erheblich sein.

Worte wie „Enteignung der Reichen" werden die Runde machen. Dabei wird das Vermögen Einzelner überhaupt nicht angetastet. Eine Vermögenssteuer einzuführen ist in der Tat völliger Unsinn, da das Vermögen ständig neu bewertet werden müsste. Wer will dazu die Regeln aufstellen? Wer soll die Bewertung jährlich neu durchführen? Dies würde wirklich einer Enteignung entsprechen und gleichzeitig einen unverhältnismäßigen Verwaltungsaufwand mit sich bringen. Deshalb ist die seinerzeit eingeführte Vermögenssteuer seit vielen Jahren (wegen Sinnlosigkeit) eingestellt. Mit der Erhöhung der Spitzensteuersätze könnte jedoch verhindert werden, dass das Vermögen durch die relativ niedrigen Steuersätze im Bereich der Vielverdiener weiterhin fast ungebremst anschwillt, und damit die Schere zwischen Arm und Reich immer größer wird.

Um die Risiken bei Einführung nicht allzu unübersichtlich zu machen, sollte man behutsam vorgehen und zunächst bei den Rentnern (altersbedingt und arbeitsunfähigkeitsbedingt), sowie bei alleinerziehenden Menschen und älteren Langzeitarbeitslosen beginnen und kontrollieren, wie sich das sowohl in der Bevölkerung als auch in der Kasse des Finanzministers, auswirkt. Ein ständiges Monitoring wäre nötig, um ggf. über Erlasse kurzfristig Korrekturen vornehmen zu können. Erst wenn alle Betroffenen in den Genuss des „Bedingten Grundeinkommens" kämen, wäre das im Vergleich zur Agenda 2010 ein erheblicher Fortschritt im Sinne der sozialen Verantwortung.

Notwendig wäre es auch, alle bisherigen Sozialgesetze auf den Prüfstand zu stellen. Manche Paragraphen hieraus müssten gegebenenfalls geändert werden oder könnten möglicherweise ganz entfallen.

Eine Regierung, die all dieses umsetzt, könnte dann durchaus als eine großartige Regierung angesehen werden. Die Wähler würden entdecken, dass die Regierung ihr soziales Gewissen und die damit verbundene Verantwortung erkannt hat und danach handelt.

Packen wir es an!

Tabellenanhang

Tabelle 1 a

	Beispielrechnung (2020) Singlehaushalt ohne Kinder Kosten (jährlich) ohne Lohnnebenkosten	€
	Miete und ähnliches wie z.B. Zinsen +Tilgung für selbstgenutze ETW (kann regional individuell abweichen)	5.200
plus	Mietnebenkosten wie Heizung Müllabfuhr und dergl. (kann regional individuell abweichen)	1.440
plus	Versorgungsvorstellung der minimalen Lebenshaltungskosten	6.000
	soweit vorhanden	-
minus	Arbeitslosengeld I	-
minus	Zahlungen für Pflege	-
minus	Einkommen aus Arbeit (Anl. N)	-
minus	Einkommen aus Renten (Anl. R)	-
minus	Einküfte aus Versicherungen und evtl. Kapitaleinkünfte (Anl. KAP)	-
gleich	Auszahlung an den Steuerpflichtigen (Negativsteuer)	12.640

Tabelle 1 b

Beispielrechnung (2020) Singlehaushalt ohne Kinder Kosten (jährlich) mit Lohnnebenkosten	Abzüge Arbeit- nehmer	Abzüge Arbeit- geber
	€	€
Krankenversicherung	1.272	1.272
+ Pflegeversicherung	287	247
+ ggf. Rentenversicherung	1.507	1.507
+ ggf. Arbeitslosenversicherung	194	194
+ Sozialkosten (Zahlung an die + Sozialversicherungsämter)	3.260	3.220
= Summe Arbeitnehmeranteil	3.260	
+ Übernahme aus Anlage 1 a Auszahlung an Steuerpflichtigen (Negativsteuer)	12.640	
= Theoretischer Bruttolohn	15.900	
+ Arbeitgeberanteil	3.220	
+ entfallende Einkommensteuer		
439 €		
= Brutto Belastung für den Staat	19.120	

Tabelle 2 a

	Beispielrechnung (2020) 2 Personen ohne Kinder Kosten (jährlich) ohne Lohnnebenkosten	€
	Miete und ähnliches wie z.B.Zinsen +Tilgung für selbstgenutze ETW (kann regional individuell abweichen)	8.600
plus	Mietnebenkosten wie Heizung Müllabfuhr und dergl. (kann regional individuell abweichen)	1.850
plus	Versorgungsvorstellung der minimalen Lebenshaltungskosten	9.500
	soweit vorhanden	
minus	Arbeitslosengeld I	
minus	Zahlungen für Pflege	
minus	Einkommen aus Arbeit (Anl. N)	
minus	Einkommen aus Renten (Anl. R)	
minus	Einküfte aus Versicherungen und evtl. Kapitaleinkünfte (Anl. KAP)	
gleich	Auszahlung an den Steuerpflichtigen (Negativsteuer)	19.950

Tabelle 2 b

Beispielrechnung (2020) 2 Personen ohne Kinder Kosten (jährlich) mit Lohnnebenkosten	Abzüge Arbeit- nehmer	Abzüge Arbeit- geber
	€	€
Krankenversicherung	1.988	1.988
+ Pflegeversicherung	444	381
+ ggf. Rentenversicherung	2.326	2.326
+ ggf. Arbeitslosenversicherung	300	300
= Summe Arbeitnahmeranteil	5.058	4.995
= Sozialkosten (Zahlung an die Sozialversicherungsämter		
+ Übernahme aus Amlage 2 a	19.950	
Auszahlung an Steuerpflichtige (Negativsteuer)		
= Theoretischer Bruttolohn	25.008	
+ Arbeitgeberanteil	4.995	
entfallende Einkommensteuer		
€ 255		
= Brutto Belastung für den Staat	30.003	

Tabelle 3 - Alle Zahlen aus 2017

Die Steuern der "Armen"

Single Haushalte	Steuerpflichtige Haushalte	Anteil in % von allen Steuerfällen	Kummliert	Einkommen (1000 €)	Durchschnitt pro Fall	Steuerauf- kommen (1.000 €)
0-5000	4.580.624	11,41%	11,41%	7.440.680 €	1.624,38 €	275.677 €
5000 - 10000	2.315.602	5,77%	17,18%	17.537.277 €	7.573,53 €	350.707 €
10000- 15000	2.867.100	7,14%	24,32%	35.993.084 €	12.553,83 €	1.008.072 €
Summen: aller Singles	9.763.326	24,31%		60.971.041 €		1.634.456 €

Doppel Haushalte (Splittingtabelle)	Steuerpflichtige Haushalte	Anteil in % von allen Steuerfällen	kummuliert	Einkommen (1000 €)	Durchschnitt pro Fall	Steuerauf- kommen (1.000 €)
0-5000	1.233.416	3,07%	3,07%	1.691.414 €	1382,53	57.114 €
5000 - 10000	396.383	0,99%	4,06%	2.959.067 €	7465,17	137.154 €
10000- 15000	480.195	1,20%	5,26%	6.082.443 €	12666,61	260.989 €
15000-20000	745.670	1,86%	7,12%	13.174.012 €	17667,35	
Summen	1.622.248	7,12%				479.947 €
Singles und Paare	11.385.574	31,44%				2.114.403 €
Gesamt	40.159.365	100%				303.481.472 €

Tabelle 4   Die Kosten für den Staat

	A	B	C	D	E
			Angaben in 1000 €		
	Aufteilung	Steuerpflichtige	Einkommen	Versorgungs-	Saldo
	in Single Haushalte	Steuerfälle	in 2017	vorstellung	Mehrkosten
				netto 12.640 €	für den Staat
0 - 5000		4.580.624	7.440.680 €	57.899.087 €	50.458.407 €
5000 - 10000		2.315.602	17.537.277 €	29.269.209 €	11.731.932 €
10000- 15000		2.867.100	35.993.084 €	36.240.144 €	247.060 €
und					
Aufteilung in			Einkommen	Versorgungs-	Saldo
Doppelhaushalte			in 2017	vorstellung	Mehrkosten
				netto 19.950€	für den Staat
0 - 5000		1.233.416	1.691.414 €	30.835.400 €	29.143.986 €
5000 - 10000		396.383	2.959.067 €	7.729.469 €	4.770.402 €
10000- 15000		480.195	6.082.443 €	12.004.875 €	5.922.432 €
15000 - 20000		745.670	13.174.012 €	14.540.565 €	1.366.553 €
Gesamtsumme			84.877.977 €	188.518.749 €	103.640.772 €

Tabelle 5   Die Nebenkosten

	Arbeit-nehmer	Arbeit-geber	Summe	Anzahl Fälle	Summe 100% €	Summe geschätzt 50% €
	Singles					
Krankenversicherung	1272	1272	2544	9.763.326	24.837.901.344	12.418.950.672
Pflegeversicherung	287	247	534	9.763.326	5.213.616.084	2.606.808.042
Rentenversicherung	1507	1507	3014	9.763.326	29.426.664.564	14.713.332.282
Arbeitslosenversicherung	194	194	388	9.763.326	3.788.170.488	1.894.085.244
Summen	3260	3220	6480		63.266.352.480	31.633.176.240
	Paare					
Krankenversicherung	1988	1988	3976	1.622.248	6.450.058.048	3.225.029.024
Pflegeversicherung	444	381	825	1.622.248	1.338.354.600	669.177.300
Rentenversicherung	2326	2326	4652	1.622.248	7.546.697.696	3.773.348.848
Arbeitslosenversicherung	300	300	600	1.622.248	973.348.800	486.674.400
Summen	5058	4995	10053	1.622.248	16.308.459.144	8.154.229.572
Aufwand für den Staat					79.574.811.624	39.787.405.812
entfallende Steuern für Singles						1.634.456.000
entfallende Steuern für Paare						479.747.000
entfallende Steurn insgesamt						2.114.003.000
Gesamtaufwand für den Staat						41.901.408.812

Tabelle 6 — Die Reichensteuer

Einkommen in € im Jahr = 45 % Steuer	Alle Zahlen aus 2017		Einkünfte in 1000 €	in % von allen	Steuern in 1000 €	in % von allen
	Anzahl Steuerpflichtige	in % von allen				
von 250.000 bis 500.000 €	248.959	0,60%	82.716.033	4,88%	27.322.124	9,00%
von 0,5 bis 1 Mio €	60.570	0,07%	40.376.118	2,38%	14.513.445	4,78%
über 1 Mio €	24.743	0,15%	67.161.699	3,96%	24.139.451	7,95%
Anzahl aller Steuerpflichtigen	41.571.281	100,00%	1.693.449.899	100,00%	303.481.472	100,00%
	Steuern in 1000 € bei 45 %		Steuern in 1000 € bei 50 %		Steuern in 1000 € bei 55%	Steuern in 1000 € bei 60%
von 250.000 bis 500.000	27.322.124 €		30.357.916			
von 500.000 bis 1.000.000 €	14.513.445 €				17.738.655 €	
über 1.000.000 €	24.139.451 €					32.185.935
Summen	65.975.020 €					80.282.505
Saldo	14.307.485 €					

Register

1. Götz W. Werner, Einkommen für alle, Kiepenheuer & Witsch, ISBN 978-3-462-03775-3

2. Sahra Wagenknecht, Reichtum ohne Gier, Campus Verlag, ISBN 978-3-593-50516-9

3. Richard Nixon, 37. Präsident der USA von 1969–1974

4. Ronald Reagan, 40. Präsident der USA von 1981–1989

5. www.destatis.de/DE/Themen/Steuern/Lohnsteuer-Einkommensteuer/Publikationenen/Fachserie 14,
Reihe 7 Tabelle B1.1., Tabelle B1.2., Tabelle B1.3

6. Gerhard Schröder, geb. 1944, 1990–1998 Ministerpräsident in Niedersachsen, 1998–2005 Bundeskanzler

Der Autor

Alexander Sauer wurde 1944 in Laubach/Hessen geboren, nach einer Lehre zum Industriekaufmann wurde Sauer Abteilungsleiter in einem Chemiekonzern und stieg bis zum Direktor auf. Er wurde von der Belegschaft zum Vertreter für die Leitenden Angestellten in den Aufsichtsrat gewählt.
Dies ist seine erste schriftstellerische Veröffentlichung.
In seiner Freizeit mag er Wasserwandern mit einer gecharterten Motoryacht.
Alexander Sauer lebt heute in Frankfurt/Main, ist geschieden und hat keine Kinder.

novum VERLAG FÜR NEUAUTOREN

Der Verlag

> *Wer aufhört besser zu werden, hat aufgehört gut zu sein!*

Basierend auf diesem Motto ist es dem novum Verlag ein Anliegen neue Manuskripte aufzuspüren, zu veröffentlichen und deren Autoren langfristig zu fördern. Mittlerweile gilt der 1997 gegründete und mehrfach prämierte Verlag als Spezialist für Neuautoren in Deutschland, Österreich und der Schweiz.

Für jedes neue Manuskript wird innerhalb weniger Wochen eine kostenfreie, unverbindliche Lektorats-Prüfung erstellt.

Weitere Informationen zum Verlag und seinen Büchern finden Sie im Internet unter:

www.novumverlag.com